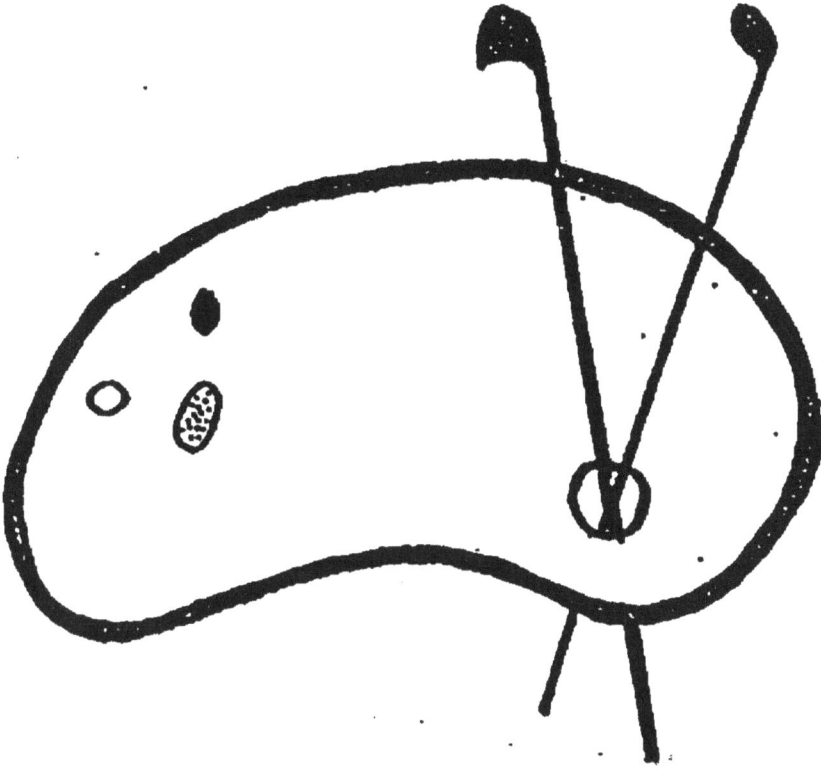

DEBUT D'UNE SERIE DE DOCUMENTS
EN COULEUR

SOCIÉTÉ ARCHÉOLOGIQUE

DU GERS

EXCURSION

DANS LE PAYS BASQUE

LA NAVARRE ET LE GUIPUZCOA

11, 12, 13, 14, 15, 16 AOUT 1895

AUCH

IMPRIMERIE LÉONCE COCHARAUX

RUE DE LORRAINE

1895

IMPRIMERIE
LÉONCE COCHARAUX
AUCH

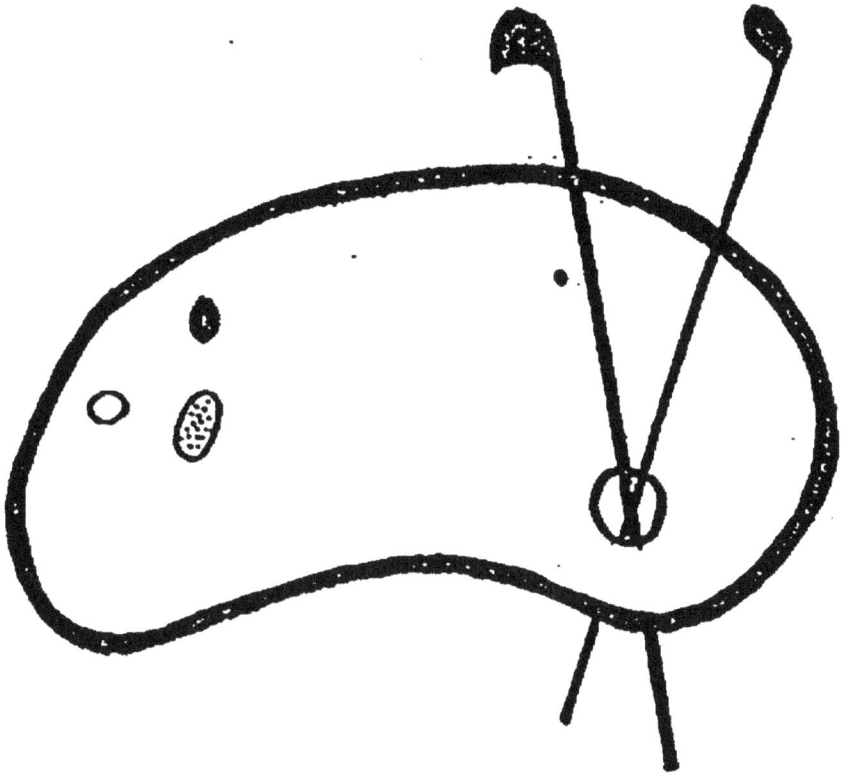

FIN D'UNE SERIE DE DOCUMENTS
EN COULEUR

EXCURSION DANS LE PAYS BASQUE

LA NAVARRE ET LE GUIPUZCOA

SOCIÉTÉ ARCHÉOLOGIQUE
DU GERS

EXCURSION

DANS LE PAYS BASQUE
LA NAVARRE ET LE GUIPUZCOA

11, 12, 13, 14, 15, 16 AOUT 1895

AUCH
IMPRIMERIE LÉONCE COCHARAUX
RUE DE LORRAINE

1895

Auch, le 20 juillet 1895.

MONSIEUR ET CHER CONFRÈRE,

*La SOCIÉTÉ ARCHÉOLOGIQUE DU GERS a décidé que
l'excursion annuelle des vacances aurait lieu dans le pays
Basque, la Navarre et le Guipuzcoa.*

Nous visiterons successivement SAINT-PALAIS, OSTA-
BAT, SAINT-JEAN-PIED-DE-PORT, VALCARLOS, RONCE-
VAUX, BURGUETE, PAMPELUNE, *etc.*

*Ces noms suffisent à vous faire comprendre l'intérêt
qu'offrira ce voyage, au double point de vue historique et
archéologique. Ils marquent d'abord les étapes principales
de ces camis romius que tant de pèlerins gascons ont
suivi durant les siècles passés pour se rendre à Saint-*

Jacques-de-Compostelle. *Quelques-uns de ces lieux rap-*
pellent les plus glorieux souvenirs de notre histoire
provinciale. Roncevaux est à lui seul une épopée, dans
laquelle revivent les noms de Charlemagne, de Roland,
de Turpin et de ces douze pairs que la fameuse épée
Durandal ne put défendre contre les Vascons. Nous
visiterons ce ravin où Roland sonna pour la dernière fois
dans son cor d'ivoire, et ces défilés où fut livré ce gigan-
tesque combat chanté par les poètes et dans lequel périrent,
avec le paladin, les preux de Charlemagne. Une petite
chapelle garde les os de ces héros.

Pampelune, la muy noble y muy leal ciudad, *capitale de*
la Navarre, nous retiendra un jour entier pour admirer ses
merveilleux monuments, les trésors de ses églises et de ses
musées.

La traversée de Saint-Jean-Pied-de-Port à Pampelune
se fera en voiture. C'est donc toute la chaîne des Pyrénées
que nous franchirons, en suivant une route de montagnes,
tantôt creusée en corniche dans le roc, tantôt resserrée
dans des gorges profondes, tantôt courant au sommet des
pics. Cette partie de l'excursion sera à coup sûr la plus
pittoresque.

Nous terminerons par Saint-Sébastien, où nous serons
le jour de la fête de la ville, le 15 août. Les courses de
taureaux, la plage, les monuments, la foule des visiteurs,

enfin l'animation et le décor d'une grande fête espagnole, nous offriront un spectacle rare et charmant.

Nous partirons d'Auch le dimanche soir, 11 août, et nous y rentrerons le 16, à 8 h. 42.

Il est de toute nécessité que vous m'envoyiez sans retard *votre adhésion, si vous avez l'intention de prendre part à cette excursion.* La Compagnie du Midi, celle du Nord de l'Espagne, veulent connaître, quinze jours à l'avance, le nombre des voyageurs et les points de départ et d'arrivée. D'un autre côté, ayant à traiter avec de nombreux maîtres d'hôtels et loueurs de voitures, en France et en Espagne, je ne puis négocier avantageusement et sûrement, qu'autant que je connaîtrai le chiffre des voyageurs.

Le voyage coûtera **80** francs (chemins de fer, hôtels et voitures).

Veuillez agréer, mon cher Confrère, l'assurance de mes sentiments dévoués.

J. DE CARSALADE DU PONT,

Président de la Société Archéologique du Gers,
Correspondant du Ministère.

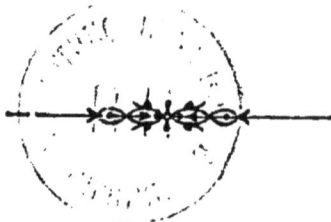

HORAIRE

ET DÉTAIL DE L'EXCURSION.

— ✳ —

DIMANCHE 11 AOUT.

Départ d'**Auch**, 5 h. 44 du soir. — Dîner et coucher à Tarbes, à l'*Hôtel Claverie*.

LUNDI 12 AOUT.

Départ de **Tarbes**, 6 h. 39 du matin. — Arrivée à **Puyôo**, 10 h. 22. — Déjeuner au buffet.

Départ de **Puyôo** pour **Saint-Palais**, 11 h. o5. — Arrivée à **Saint-Palais**, midi 27. — Visite de la ville.

Départ en voiture pour **Saint-Jean-Pied-de-Port**, 1 h. 3o. — Le trajet en voiture de Saint-Palais à Saint-Jean-Pied-de-Port durera environ deux heures. La route suit d'abord le cours de la Bidouze, puis se développe sur des versants boisés, d'où l'on découvre des paysages charmants. Nous verrons successivement **Uhart-Mixe** et son vieux château, à l'embouchure du Gave de Lambarc; **Ostabat**, point de jonction des divers chemins de Saint-Jacques de la Gascogne; **Larceveau, Montgelos, Lacarre.**

Arrivée à **Saint-Jean-Pied-de-Port** vers 4 h. —Visite de la ville : son nom lui vient de sa position au-dessous des *ports* ou *cols* des Pyrénées. Elle est bâtie au confluent de trois rivières, pour commander à la fois les trois vallées et les trois *ports* aboutissant en Espagne. Les fortifications et la citadelle ont été construites par Vauban. L'église gothique du faubourg de Uhart-Cize date du xiiie siècle. L'église de la ville n'offre de remarquable que son clocher, bâti à l'extrémité du pont sur la Nive. — Dîner, à 6 h. 3o. Coucher à l'*Hôtel Apestéguy.*

MARDI 13 AOUT.

Départ, en voiture, pour **Roncevaux**, à 7 h. Traversée de la vallée d'*Arnéguy*. Au bout de 7 kil., nous franchissons la Nive et nous entrons en Espagne. Arrêt à la Douane. — **Valcarlos**, situé à une très grande hauteur au-dessus du torrent, sur la pente d'une montagne ombragée; charmant paysage de vallons, de rochers, de prairies et de bois. — Col d'*Ibaneta*, à 1,100^m d'altitude. Magnifique coup d'œil sur les Pyrénées françaises et espagnoles, surtout sur le fameux pic d'*Altabiscar* (1,494ᵐ), au pied duquel fut consommée la sanglante défaite de Charlemagne. D'après la légende, les douze pairs de l'Empereur furent écrasés sous les rochers que les Vascons firent rouler sur eux des hauteurs de l'*Altabiscar*.

A vingt minutes du col s'élève l'abbaye royale de *Roncevaux*, un des plus célèbres sanctuaires de la chrétienté. Il prend place après Jérusalem, Rome et Saint-Jacques-de-Compostelle, sous la protection immédiate du Saint-Siège. Les constructions de l'abbaye ont toute l'apparence d'une forteresse du Moyen-Age. L'église, du xiiiᵉ siècle, renferme dans son trésor les gantelets de fer, les bottes et les masses d'armes du paladin Roland; les pantoufles de velours rouge et les guêtres de soie cramoisie de l'archevêque Turpin, l'ami, le secrétaire et le compagnon d'armes de Charlemagne; des vases sacrés très anciens; une chape brodée en or par sainte Élisabeth, reine de Portugal; deux fragments des fameuses chaînes qui entouraient la tente de Mohamed-al-Nasrr à la bataille de las Novas de Tolosa, enlevées et conservées par dom Sanche comme trophée de la victoire. Ces chaînes, dont nous retrouverons le reste à Pampelune, sont la glorieuse origine de l'*orle* de chaînes qui entoure l'écu des armes de Navarre.

Après la visite de l'abbaye, nous quittons les voitures françaises pour prendre *los caruajes* espagnoles et nous rendre à Burguet à la *fonda del senor dom Julian Eseverri*,

où nous dégusterons la cuisine espagnole et les vins géné-
reux de la Navarre.

A 3 h., départ pour **Pampelune.** Nous descendons le
versant espagnol des Pyrénées pour arriver le soir, vers
8 h., à Pampelune, après avoir parcouru, à travers montagnes, vallées et rivières, tout le nord de la Navarre, des
Pyrénées jusqu'au centre, et traversé les villes et villages
de **Espinal, Viscarret, Erro, Agurreta, Zubiri, Lar-
rassoana, Zurian, Anchoriz, Zabaldica, Huarte,
Villava.**

Nous prenons gîte à l'hôtel *de la Perla,* place de la
Constitucion.

MERCREDI 14 AOUT.

Pampelune, place forte, capitale de la Navarre, est
située au centre de la province, sur un plateau élevé qui
domine toute la vallée. Nous passerons un jour complet
dans la ville pour étudier à loisir ses monuments reli-
gieux, civils et militaires.

Notre première visite sera pour la cathédrale, merveilleux monument, l'un des plus beaux de l'Espagne.
Nostra-Senora del Sagrario a été construite par Charles
le Noble, roi de Navarre, au xv⁰ siècle. Elle possède une
image vénérée de la Vierge dont on fait remonter l'exis-
tence aux temps apostoliques. La façade est du xvıııᵉ, ses

deux tours ont cinquante mètres de hauteur; le vaisseau est en forme de croix latine à cinq nefs. Le chœur, placé au milieu de la grande nef, est fermé par une très belle grille Renaissance. Dans le chœur on voit le tombeau de Charles VII le Noble et de sa femme Léonor de Castille, surmonté de leurs statues d'albâtre, couchées sur le couvercle. La magnifique boiserie du chœur a été sculptée en 1530 par Miguel Anchetea; elle est tout en chêne, apporté exprès d'Angleterre. Les personnages en demi relief, de un mètre de hauteur, la corniche Renaissance et une foule de détails magistralement exécutés nous offriront plus d'un rapprochement à faire avec les incomparables boiseries de notre cathédrale d'Auch.

Le Trésor de la sacristie contient une quantité de riches ornements, d'objets précieux et particulièrement un admirable coffret en ivoire sculpté, donné par un roi de Perse au kalife de Huesca, et un merveilleux reliquaire du plus grand prix.

La *Barbazana*, belle chapelle gothique, construite par l'évêque Barbazan et contenant son tombeau.

Des cloîtres immenses du xive siècle, admirablement sculptés, sont attenants à l'église. La porte qui y conduit est une des plus belles que la fin du xive siècle nous ait léguées. Au-dessus de cette porte se trouve un tympan orné d'une grande composition en relief, représentant la mort de la Vierge, et sculptée avec un art qui en fait un véritable chef-d'œuvre de délicatesse et de goût. Ce cloître magnifique renferme des trésors de sculpture, entre autres, le tombeau en marbre du général Mina ; le mausolée du comte de Gages, français, ancien vice-roi de Navarre ; le tombeau de Léonel de Navarre ; celui de l'évêque don Miguel Sanchez de Asyain, l'Adoration des mages, etc. — A côté se trouve la *Salle précieuse* où se réunissaient autrefois les Cortès du royaume de Navarre. — La chapelle de la *Santa-Cruz*, placée en saillie complète dans l'intérieur du préau du cloître. La grille qui le ferme a été forgée avec les chaînes enlevées par dom Sanche à la bataille de *Las Novas de Tolosa*. Le trésor de Roncevaux nous a déjà offert des fragments de ces chaînes fameuses.

Du cloître on entre dans le réfectoire du chapitre, large salle gothique voûtée, d'un aspect imposant. Au-dessus des cloîtres se trouvent les archives, des manuscrits curieux et un très beau médaillier, riche surtout en monnaies ibériennes. — Le carrelage du premier étage, en carreaux émaillés, est fort curieux et offre bien des types intéressants à étudier.

Le *Palais de la députation* provinciale, où se trouvent les appartements royaux, renferme une belle salle richement décorée et ornée de portraits en pied des anciens rois de Navarre, et une salle où sont conservées les archives du royaume de Navarre.

La *Casa municipal* possède des ornements, des bijoux, des objets anciens et de grand prix, et une curieuse mosaïque, etc.

Olite. — Si nous avons le temps, quelques-uns d'entre nous pourront, entre deux trains, aller visiter à Olite les ruines grandioses du palais de Charles III le Noble, roi de Navarre, palais qui sous bien des rapports rappelle *Pierrefonds* avant sa restauration. Cette excursion s'organisera sur place, s'il y a lieu.

JEUDI 15 AOUT.

A 6 h. 20 du matin, départ pour **Saint-Sébastien**, arrivée à 11 heures.

Ce jour-là le Comité rend leur liberté aux excursionnistes dès l'arrivée à Saint-Sébastien. Vu l'affluence énorme et l'encombrement dans les hôtels, il n'a pas été possible de se grouper. Chacun s'occupera de son déjeuner, ce qui ne sera pas très difficile, car les marchands de comestibles se multiplient en ce jour.

Ceux d'entre nous qui voudront assister aux courses de taureaux devront, dès leur arrivée, se hâter de prendre des cartes d'entrée.

Départ de **Saint-Sébastien** pour **Bayonne** par groupes, à 6 heures ou à 10 heures.

A Bayonne, pas plus qu'à Saint-Sébastien, il n'a été possible de faire choix d'un hôtel, pour passer la nuit. Il sera facile à chaque excursionniste de se loger où et comme il l'entendra.

VENDREDI 16 AOUT.

Retour à **Auch :** — Départ de **Bayonne** à 9 h. 24 du matin; — arrivée à **Pau;** midi 34; — déjeuner au buffet de la gare; — visite du château de Pau.

Départ pour **Tarbes,** 3 h. 45; — arrivée, 5 h. 47.

Départ pour **Auch,** 6 heures; — arrivée, 8 h. 42.

☞ *Chaque excursionniste recevra au moment du départ un billet de chemin de fer personnel, — et en plus une carte d'identité qui devra être portée ostensiblement à la boutonnière.*

Auch. — Imprimerie Brevetée Léonce COCHARAUX, rue de Lorraine.

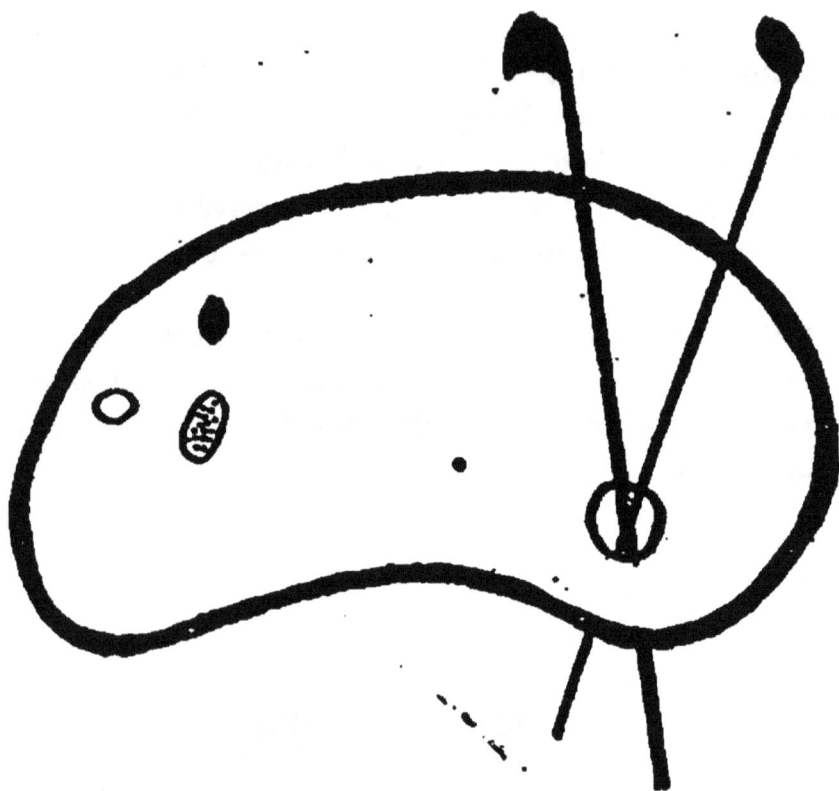

ORIGINAL EN COULEUR
NF Z 43-120-8

www.ingramcontent.com/pod-product-compliance
Lightning Source LLC
Chambersburg PA
CBHW060203070426
42447CB00033B/2419